ELKE BRÄUNLING

VON FRÜHLINGSBÄREN, BLÜTENZAUBER, BIENEN & OSTERHASEN

24 bunte Vorlesegeschichten im Frühling

Mit Zeichnungen von Maryam Siedelahl

Impressum

Copyright © 2022 Verlag Stephen Janetzko, Erlangen - www.kinderliederhits.de
Cover/Illustrationen: Maryam Siedelahl
Layout und Satz: Marco Breitenstein
Lektorat, Covergrafik und Projektleitung: Stephen Janetzko

ISBN 978-3-95722-584-9

Erhältlich auch als eBook - ePDF-ISBN 978-3-95722-864-2

ELKE BRÄUNLING

VON FRÜHLINGSBÄREN, BLÜTENZAUBER, BIENEN & OSTERHASEN

24 bunte Vorlesegeschichten im Frühling

Mit Zeichnungen von Maryam Siedelahl

INHALTSVERZEICHNIS

1. DER FRÜHLINGS(AUF)WECKER

„Aua! Autsch!“

Erschrocken zuckte Hahn Fridolin zusammen. Was war das? Etwas Hartes, Seltsames hatte ihn getroffen. Ein rotes Ding, das vom Haus der Menschen her kam. Er wollte doch gerade zu seinem zweiten Morgenlied ansetzen und dann ... das.

„Kikerikiiii, kikerikautsch ... aua ... au!“

Ja, genau so hatte sein Lied nun geklungen und im Nachhall seiner Weckmelodie hatte eine Menschenstimme laut und sehr unfreundlich „Ruhe! Ich will ausschlafen“ gebrüllt. So etwas aber auch! Pah!

„Wie kann man diesen Morgen verschlafen wollen?“, brummte der Hahn. „Der erste warme Frühlingstag wird es heute sein. Ich spüre es in all meinen Federn.“

Fridolin war empört. Er blickte zum Horizont. Das Morgenlicht nahm den Platz der Nacht ein und die Sonne bemalte den Himmel mit rosaroten und tiefgelben Farben. Sie kündigte einen schönen Tag mit milder Luft und hellem Licht an. Was wollte man mehr

nach diesem harten Nebelwinter? Und überhaupt, der Fremdling da neben ihm sollte endlich still sein.

„Halt die Klappe!“, zischte er dem roten Ding, das der Mensch ihm zugeworfen hatte, zu. „Du störst. Überhaupt, wer bist du?“ „Ein Wecker bin ich“, sirrte das Ding. „Meine Pflicht habe ich getan und geweckt. Und das ist nun der Dank. Mein Mensch hat mich aus dem Fenster geworfen. Sag, ist das nicht bodenlos?“

Bodenlos? Mit diesem Wort konnte Fridolin nichts anfangen. „Du liegst auf dem Boden, das stimmt“, sagte er, nachdem er ein bisschen überlegt hatte. „Ein Wecker aber bist du nicht. Der bin nämlich ich!“

Er richtete sich auf und reckte sich, um sich ein bisschen größer zu machen. Dann sah er das sirrende Ding, das ein Wecker sein wollte, strafend an. „Und im übrigen: Du nervst. Kannst du nicht still sein?“ „Nein, kann ich nicht.“ Die Stimme dieses Möchtegern-Aufweckers klang kläglich. „Ich muss meinen Job tun und wecken, wecken, wecken. Hörst du?“ „Ich höre.“ Fridolin musste lachen und wenn Hähne lachten, klang das wie ein heiseres lautes Kieksen. Und das war ähnlich laut wie das morgendliche „Kikeriki.“

„Ruhe da draußen!“, rief die Menschenstimme wieder. „Ich brauche keinen Wecker. Heute nicht und auch nicht morgen. Ich habe Urlaub.“

„Urlaub? Was ist das?“ Fridolin sah das Ding, das ein Wecker sein wollte, fragend an. „Keine Ahnung“, murrte der Wecker. „Ich stelle nur fest, dass wir überflüssig sind.“ „Aber mich erwarten sie“, rief aus dem Storchennest der Storch, der in der Nacht zurückgekommen war. „Über mich freuen sich alle, denn ich bin, so sagt man, der beliebteste Wecker auf der Welt. Weil ich als Frühlingsbote ein Frühlingsaufwecker bin. Alles klar?“ Fridolin und der Menschenwecker sahen sich an. Ja, ja, alles klar. Was sonst sollten sie darauf auch antworten?

2. DER KLEINE BÄR UND DIE FRÜHLINGSSUCHE

„Das Leben ist schön! Heute habe ich den Frühling gesehn. Hurra!" Jubelnd tappte der kleine Bär durch den Wald und sang sein Liedchen. Am Waldrand blieb er vor den kahlen Büschen stehen und rief: „Ihr müsst eure Blätter aus den Knospen schälen. Grün sollen eure Zweige wieder sein. Beeilt euch!" Dann formte er die Bärenpranken zu einem Trichter und rief laut über die Wiese und in den Wald hinein: „Wacht auf, ihr Langschläfer! Frühling ist da. Ich habe ihn heute gesehen!"

Doch nichts regte sich. Kalt und kahl und schläfrig still blieb es ringsum. Nur ein kleiner Bär war zu hören, der immer wieder „Aufwachen! Der Frühling ist da!" rief.

„Was ist das für ein Lärm?", fragte plötzlich ein Stimmchen. „Ich kann den Frühling nicht sehen. Auch rieche und spüre ich ihn nicht."

Das Eichhörnchen war es, das seine Schlafhöhle in einem Astloch der Eiche hatte. Öfter war der kleine Bär ihm in diesem Winter begegnet.

„Wie gut! Du bist wach!", erklärte er dem Eichhörnchen. „Es gibt viel zu tun. Allen müssen wir Bescheid geben, dass der Frühling gekommen ist. Die Kraniche, die heute Mor-

gen über den Berg gezogen sind, haben ihn mitgebracht. Und sie sind schließlich die Frühlingsboten. Das weiß doch jeder, oder?“

„Und du bist dir sicher, dass du vielleicht nicht nur einen Schwarm Krähen gesehen hast?“, fragte das Eichhörnchen vorsichtig. „Auf Frühling, schätze ich, müssen wir bestimmt noch einen halben Mond warten.“

Hm! Der kleine Bär überlegte. Ob das Eichhorn recht hatte? Schade wäre das. Aber irgendwie hatten sie wirklich ein bisschen gekrächzt, diese Krähenkraniche, als sie sich kurz auf den Baumwipfeln bei der Bärenhöhle niedergelassen hatten. Verlegen starrte er zu Boden, scharrte mit den Füssen im Gras und murmelte: „Hm ja, ich weiß es nicht so genau. Aber ein bisschen wie Kraniche sahen sie schon aus und es kann doch sein, dass sie ...“ Sein Murmeln wurde immer leiser, denn eigentlich wusste der kleine Bär nicht, was er noch sagen sollte. Zu schön wäre das mit den Frühlingsboten gewesen und noch einen halben Mond warten, nein, dazu hatte er keine Lust mehr. Da sah er es plötzlich blau im Gras aufblitzen. Eine winzig kleine Blume war es, die süß duftete. Hmmm!

„Eine Blume“, rief er dem Eichhörnchen zu. „Sie duftet nach Frühling! Ein Frühlingsbote ist sie. Siehst du? Der Frühling ist doch da.“

Schnell pflückte der kleine Bär das Veilchen und tanzte hüpfend und sein Liedchen singend über die Wiese und weiter in den Wald hinein.

Das Eichhörnchen schüttelte den Kopf, grinste und kroch in sein Astloch zurück. Für ein kleines Schläfchen nur, denn lange konnte es mit dem Frühling wirklich nicht mehr dauern.

3. ALS EIN SÜSSER DUFT DIE KLEINE WILDBIENE AUFWECKTE

„Ja, hallo?“, murmelte die kleine Wildbiene eines Tages im späten Winter. „Es riecht nach Frühling. Ist er denn schon da? Es fühlt sich auch wärmer an da draußen!“

Sie schnupperte. Ein blütensüßer Duft hatte sich in ihr Winterschlafplätzchen geschlichen und umschmeichelte ihre Nase. Die kleine Wildbiene schnupperte und fühlte sich auf einmal gar nicht mehr müde. „Ich muss nachsehen“, beschloss sie. „Hungrig bin ich auch. Und durstig. Der Winter ist lang gewesen ohne Nektar und Wasser. Hallo, ihr Blüten, hallo! Ich komme!“

Sie schloss die Augen, atmete tief ein und aus, und wärmte ihre Flügel im Licht der Sonnenstrahlen. Dann flog sie los dem Frühling entgegen. Gut fühlte es sich an, nach der langen Zeit des Winterschlafs die Frühlingsluft zu spüren. Die kleine Biene freute sich. Langsam folgte sie dem süßen Duft, der so sehr lockte und hungrig machte. Über die Wiese vorbei an kahlen Büschen führte sie ihre Nase hinüber in den Garten von Oma Klug. Kahl sah es hier aus. Wo waren die Blätter, die Blumen und Kräuter, von denen sie geträumt hatte? Schliefen sie noch?

Die kleine Biene machte Halt bei der Vogeltränke und stillte ihren Durst.

„Wie gut, dass es das Wasser noch gibt“, brummelte sie. „Und den Duft, der mich geweckt hat, habe ich auch nicht geträumt.“

Sie schnupperte wieder. „Hallo, Blumen!“, rief die kleine Wildbiene. „Wo steckt ihr? Ich möchte euch gerne besuchen und von eurem Nektar naschen!“ „Hier!“, antworteten viele Stimmchen. „Hier sind wir! Oben am Fenster! Wir warten auf dich und deine Kolleginnen. Hörst du?“

„Jaja. Ich höre euch! Und ich bin gleich bei euch.“ Schnell flog die kleine Wildbiene auf das Fensterbrett hinauf, wo in einem Blumentopf viele duftende blaue Blümchen auf sie warteten. Was für eine Freude! Und was für ein feiner Blütenschmaus!

„Frühling ist ja so schön!“, rief sie. „Und er schmeckt so köstlich süß.“ Dann sagte sie nichts mehr. Sie hatte zu tun und das war gut so.

4. ALS DER FRÜHLING DEN KLEINEN MARIENKÄFER WECKTE

„Nanu?“, brummte der kleine Marienkäfer. Er schnupperte. „Besuch in meinem Winterquartier? Hm! Hm! Riecht gut. Riecht köstlich fein. Es wird doch nicht schon Frühling sein?“

Ein süßer Duft war unter die dichte Laubdecke, unter die sich der kleine Käfer in den Wintermonaten zum Schlaf verkrochen hatte, gezogen. „Hmmm! Es riecht tatsächlich nach Frühling. Habe ich ihn etwa verschlafen?“ Er reckte die Beine, die er im Schlaf fest an seinen Panzer gepresst hatte. Er streckte sich, strampelte und hatte einige Mühe, auf die Füße zu kommen. „Ich muss wohl sehr lange geschlafen haben. Richtig eingerostet fühle ich mich.“

Der kleine Käfer nickte. „Ja, es wird Zeit, dass der Frühling kommt.“ Langsam kroch er aus seinem Blätterversteck hervor – und fand sich unter einem dichten Büschel Schneeglöckchenblüten wieder. Schön war es hier. Sacht wiegten die Blüten ihre Köpfe im warmen Südwind hin und her. Es war, als würden sie wie kleine Glöckchen läuten und leise „Bimbim, der Frühling ist da!“ rufen.

Der kleine Marienkäfer atmete tief ein. Die Blüten der Schneeglöckchen waren es, die so süß dufteten. Und es war auch der Frühlingswind, der noch viel mehr fremde Düfte von anderen frühen Blümchen, den Weidenkätzchen, Krokussen, Märzenbechern, Narzissen und Mandelblüten, überall im Garten verteilte.

Ein Sonnenstrahl bahnte sich seinen Weg durch die Schneeglöckchenköpfchen und lächelte dem kleinen Käfer ins Gesicht. Warm fühlte der sich an und schöner als der schönste Traum. „Hurra!", rief der kleine Marienkäfer. „Der Frühling ist da. Was habe ich doch für ein Glück!"

„Na klar", summte die Biene, die emsig in den Blüten nach süßem Nektar suchte. „Du bist ja auch ein Glückskäfer." Der Marienkäfer nickte. „Du hast recht. Ein Glückskäfer bin ich. Und das werde ich allen im Garten auch erzählen." Die Biene lachte. „Es weiß doch jeder, dass ihr Marienkäfer auch ‚Glückskäfer' genannt werdet und dass ihr allen, die euch sehen, Glück bringt." „Ich bringe Glück?" Der Käfer strahlte. „Was für ein Glück! Danke, Biene, und tschüss."

Er pumpte seine roten Flügel mit den schwarzen Glückspunkten auf und flog los. Wie glücklich war er nun! Der Frühling war da, und als Glückskäfer hatte er mächtig viel Arbeit zu tun. Schließlich musste er allen, die er traf, nun Glück bringen. Klar, oder?

5. DIE KLEINE ELFE UND DAS FRÜHLINGSLICHT

Nur wenige Sonnenstrahlen erreichten im frühen Frühjahr den Waldboden. „Hoffentlich findet die Sonne bald unsere Wiese“, sagte die kleine Waldelfe, als sie über die ausgetrockneten Herbstblätter zur Elfenhöhle huschte. Sie fror in ihrem dünnen Kleidchen und beeilte sich, wieder in die warme Höhle zu kommen.

Die alten Blätter raschelten unter ihren Füßchen. Es machte Spaß, sie knistern und knacken zu lassen, und die kleine Elfe lief gleich noch einmal und noch einmal über den Blätterboden. Ein bisschen tanzte sie auch. Und auf einmal war ihr nicht mehr kalt.

„Ich glaube, gerade ist der Frühling angekommen“, rief sie. „Er hat warme Luft mitgebracht.“ Das wollte sie gleich ihren Elfenschwestern erzählen und sie eilte heimwärts. Doch was war das? Ein Lichtpünktchen schmückte den Eingang der Höhle. Fröhlich tanzte es im Frühlingswind.

„Hallo, Zauberlicht!“, grüßte die kleine Elfe. Das Licht funkelte fröhlich zurück. „Bist du ein Frühlingslicht?“, fragte die Elfe. „Willst du mit mir spielen?“ Sie sprang auf den Höhlenstein und hangelte nach dem geheimnisvollen Licht. Das aber ließ sich nicht einfangen. Es wiegte sich im Klang des leisen Windes und die kleine Waldelfe tanzte ihm hinterher.

„Schaut!“, rief sie. „Der Frühling hat ein neues Spiel mitgebracht. Wie schön er ist, der Frühling!“

Der kleine Sonnenstrahl, der sich für ein paar Minuten durch die Kiefernzweige zum Eingang der Elfenhöhle durchgeschmuggelt und mit der kleinen Elfe sein Tänzchen getanzt hatte, lächelte. Dann zog er weiter, der Zeit des Tages hinterher.

„Morgen“, flüsterte er, „morgen komme ich wieder. Und nun geh nach Hause und schlafe gut!“ Die kleine Waldelfe lauschte. Hatte das Frühlingslicht gerade mit ihr gesprochen? „Bis morgen!“, rief sie in den Wald hinein. Dann musste sie gähnen. Müde war sie auf einmal geworden. Frühlingsmüde.

6. DER FRÜHLING IST DA – FRÜHLINGSLÄUTEN

„Kling, kling. Kling, kling. Kling, kling." Überall im Wald ist an diesem Märzmorgen jenes ‚Kling, Kling' zu hören. Fein, leise, klar. „Kling, kling! Der Frühling ist da!"

Kling, kling, der Frühling ist da? Jetzt schon? Auf dem Waldboden und in den Bäumen regt es sich plötzlich. Auch die Waldelfen reiben sich verwundert die Augen. Schnell, schnell, der Frühling ist da! Eilig schlüpfen sie aus ihren Winterbettchen und krabbeln unter Mooshügeln und aus Steinhöhlen hervor. „Der Frühling ist da", rufen sie einander zu. „Hört ihr es? Wir haben verschlafen."

Zum Klang der kleinen Glöckchen gesellt sich ein aufgeregtes, eiliges Wispern, Tuscheln und Raunen. Der Frühling ist da. Schnell, schnell. Schon sirren und surren und schweben und gleiten und wuseln und wieseln die kleinen Waldgeister der Frühlingsglöckchenmusik ins Waldstück am Glockenbach entgegen. Dort warten sie, die Märzglöckchen. Kleine, weiße, im Licht der Sonne funkelnde Blüten sind's, die ihnen vom Waldboden her zu blinkern.

Es scheint, als kicherten sie, die Blütenglöckchen des Märzbechers. Sie kennen das nämlich schon. Jedes Jahr aufs Neue sind sie es, die in der Märzzeit im Wald den Frühling

verkünden und das Waldvolk aus seinem Winterschlaf aufwecken. Sie lächeln und strahlen und locken alle herbei: die Elfen, Feen, Waldwichtel und Erdgeisterchen, aber auch die Käfer, Bienen, Hummeln, Schmetterlinge und Waldameisen, die Vögel, die größeren Waldtiere, ja, selbst die Menschen.

Und während die Menschen staunen und sich freuen und „Wie schön, der Frühling ist da!“ rufen, schlüpfen die Elfen in die hellen Glöckchen der Märzbecherblüten. Dort trinken sie süße Tautropfen und erzählen von den Träumen, die ihren Winterschlaf begleitet haben.

Die Märzglöckchen nicken und recken ihre Blütenköpfe erneut dem Wind zu. Dann beginnen sie wieder, leise zu bimmeln und zu klingeln. Weit hallt ihre Musik durch den Wald bis zu den Feldern, Wiesen und Menschenhäusern hinüber.

Pssst! Wer genau aufpasst, kann sie hören, wie sie der Märzwelt von den Winterträumen der Waldelfen erzählen.

7. HILFE FÜR DIE NARZISSEN

Endlich war es Frühling geworden.

„Es ist Zeit“, quengelten die Blumenzwiebeln, die im Boden warteten und ihre Triebe, die sich bereits aus den Zwiebelkernen schälten, zurückhielten. „Wir müssen unseren Job tun und wachsen, damit wir der Sonne zulächeln können. Höchste Zeit ist es sogar.“ „Wir sind längst unterwegs!“, riefen die Schneeglöckchen, Krokusse und Märzenbecher auf den Wiesen den Narzissen, Hyazinthen und Tulpen zu. „Wir schmücken das Land mit bunten Blütenfarbtupfern.“

„Und jetzt sind wir an der Reihe“, drängten die Narzissen. Im Boden ging es schon geschäftig zu. Alle hatten es eilig. Es dauerte nur wenige Frühlingstage, und ihre Zwiebeln hatten lange Triebe zur Erdoberfläche geschickt. Mit aller Kraft reckten sie sich der Sonne entgegen. Schon brachen die ersten durch die Erde und entfalteten ihre Blätter.

Kleine Knospen, in denen die Blütenköpfe ruhten, bildeten sich. Nur noch wenige Tage in lauer Frühlingsluft, dann würden sie ihre Blüten öffnen und das Land gelb und weiß bemalen. Die Menschennasen würden sie mit süßen Düften betören und mit ihren

Glöckchen leise „Hört, der Frühling ist da!“ rufen. Die Narzissen freuten sich. Das Leben war schön! Doch nicht alle hatten Glück. Von überall her ertönten nämlich klagende Rufe: „Helft uns!“ - „Der Boden ist so hart!“ - „Wir finden den Weg ans Tageslicht nicht!“ - „Herbstlaub liegt über uns!“ - „Äste und Zweige decken die Beete zu!“ - „Über uns liegt Müll. Es ist so dunkel hier!“ - „Wir wollen auch blühen. So helft uns doch!“

Leise und wimmernd hallten Stimmen der Narzissen durch die Frühlingswelt. „Was ist passiert?“ Ratlos blickte der Blumenkönig über das Land. „Warum höre ich so viele Klagen von meinen Narzissenkindern?“ „Manche können nicht wachsen“, erklärte Frau Blumenfee. „Die Gärten, Wiesen und Parks sind noch nicht aufgeräumt.“ „Dann sorgt dafür, dass die Menschen ihre Häuser verlassen und sich um die Gärten kümmern!“, befahl der Blumenkönig. „Es ist Narzissenzeit!“ Frau Blumenfee nickte. „Wir werden dafür sorgen“, sagte sie.

Noch am gleichen Abend traf sie sich mit ihren Freunden, den Elfen, Feen, Wichteln und Zauberern, und alle versprachen, den Narzissen zu helfen und den Menschen Bescheid zu sagen. Ja, und was in der darauf folgenden Nacht in den Träumen der Menschen los war, kannst du dir nun sicher denken.

8. IM HÜHNERHOF ZUR OSTERZEIT

„Los! Los! Hopp! Hopp! Beeilt euch! Es ist höchste Zeit!“ Laut hallten die Befehle über den Hühnerhof. Hahn Helmut hockte neben Olaf Osterhase auf dem Brunnenrand und blickte zu den Hennen hinüber.

„Da geht noch ‚was!“, sagte Olaf und in seiner Stimme klang ein unzufriedenes Nörgeln. „Deine Leute sind zu langsam. Ich brauche mehr Eier, viel mehr Eier sogar.“ „Wir tun unser Bestes. Siehst du doch!“, brummte Helmut. „Das genügt mir nicht! Hörst du? Es … genügt … mir … nicht.“

Olaf war wirklich ziemlich schlecht gelaunt und Helmut war es nun auch. „Was hast du nur in diesem Jahr?“, schimpfte er los. „Mehr als Eier legen … legen … legen können meine Leute auch nicht. Und bisher warst du mit uns auch immer sehr zufrieden.“ Er schickte ein genervtes Kikeriki über den Hof und die Hühner blickten erschreckt auf. Was war los? Der Helmut krähte doch sonst nicht um diese Zeit. Sollte das etwa ein Alarm sein oder was? Aufgeregt eilten die Chefhühner Harriet, Hannelore, Hildegard und Helma herbei.

„Gibt es ein Problem?“, rief Helma den beiden Herren zu. „Wollt ihr uns wieder Stress machen?“, beschwerte sich Hildegard mit kampfeslustig aufgestelltem Kamm. „Haben wir Fuchsalarm?“, erkundigte sich Hannelore und Harriet fragte mit näselnder Stimme: „Oder ist da jemand nicht mit unserer Arbeit einverstanden? Eure Mienen sehen gerade gar nicht zufrieden aus.“

„Fragt Olaf, den Hasen!“, knurrte Hahn Helmut. Man hörte ihm an, dass er wirklich sauer war. „Er wird es euch erklären. Vielleicht versteht ihr ihn besser als ich es gerade tue.“ „Jaja“, schimpfte Hildegard gleich los. „Der Olaf mal wieder. Er hat immer etwas zu meckern.“

„Wo liegt der Fehler, Osterhase?“, fragte Hannelore. „Schmecken unsere Eier etwa nicht? Oder sind wir dir zu langsam? Sprich!“

Mit drohender Miene baute sie sich vor dem Hasen auf. Erschrocken trat Olaf einen Schritt zurück und beinahe wäre er vom Brunnenrand gekippt. Zum Glück beinahe nur. Huhn Hannelore konnte aber manchmal wirklich sehr erschreckend sein. Olaf hatte großen Respekt vor ihr. Und ein bisschen Angst auch.

„Nun! Sag schon! Ewig haben wir keine Zeit!“, knurrte Hannelore da auch schon. „Was läuft falsch?“ Hahn Helmut konnte sich ein Grinsen nicht verkneifen. Ein Osterhase, der sich vor seinen Hühnerdamen zu fürchten schien, gab aber auch ein besonders lustiges Bild ab.

„Eure Eier genügen ihm nicht“, warf er lässig ein. „Sie sind ihm zu wenig.“ „WAS?“ „Habe ich das richtig gehört? Dieser Hase hat wohl einen Maikäfer gefrühstückt!“ „Hühnerschinder!“ „Dem werde ich Flötentöne beibringen!“

Nun hatten sich alle vier Hühnerdamen so nah vor dem armen Olaf aufgebaut, dass der doch glatt darüber nachdachte, ob es nicht klüger wäre, im Brunnen abzutauchen. „D-die Menschen sind's, die mich antreiben“, stammelte er.

„F-für ein Spiel zum O-osterfest b-brauchen sie dreimal mehr so viele Eier als im letzten Jahr. Olympiade nennen sie es. Osterolympiade. D-die spinnen, die M-menschen. I-ich sag's euch. D-die spinnen! D-dafür ka-kann ich doch nichts. I-ch ...“

Er kam nicht weiter. Zu laut war das Gelächter der Hühnerdamen. Viel zu laut.

Und irgendwie hatten Olaf, der Osterhase, und Helmut, der Hahn, plötzlich auch eine unbändige Lust, zu lachen, lachen, lachen. Dazu gab es ja auch allen Grund.

9. HILFE FÜR PIPS, DAS HASENKIND

Zum ersten Mal durfte Pips, das Hasenkind, Ostereier bemalen. „Hurra!“, rief er und sprang voller Freude auf. „Jetzt bin ich ein richtiger Osterhase.“

Da passierte es: Seine Farbtöpfe kippten um, und die Farben malten einen dicken, regenbogenbunten Streifen auf die Wiese. So ein Pech! Pips schämte sich. „Ferkel!“, johlten seine älteren Geschwister. „Du bist eben doch noch viel zu klein zum Eier bemalen.“

Die Osterhasenmama aber schimpfte: „Was musst du auch immer so herumzappeln! Am Ende reicht uns nun die Farbe nicht für alle Eier!“ Pips erschrak. Würden seinetwegen nun viele Eier weiß bleiben? Oje! Da würden die Kinder aber traurig sein! Was tun?

„Ich werde neue Farbe holen“, versprach er. Er nahm zwei Farbtöpfe und machte sich auf den Weg über die Wiese. „Irgendwo“, murmelte er, „werde ich bestimmt welche finden.“ Pips sah sich auf der Wiese um. Bunt ging es überall zu: Bienen steckten ihre Köpfe in die roten, weißen, gelben und blauen Blütenköpfe, wie bunte Farbklekse flatterten Käfer und Schmetterlinge von einer Blüte zur anderen, und in den Sträuchern sangen Vögel ihr kunterbuntes Wiesenkonzert.

Pips aber konnte sich darüber nicht freuen. Alles war hier so bunt, nur Ostereierfarbe gab es nirgends. Er suchte weiter und fragte jeden, den er traf: „Habt ihr zufällig etwas Ostereierfarbe übrig?“ Keines der Wiesentiere aber konnte ihm helfen.

Da setzte sich Pips ins Gras und weinte dicke Tränen. Ganz mutlos war er geworden. „Sei nicht traurig, Hasenkind“, hörte er auf einmal eine Stimme silberhell singen: „Bunte Farben kannst du haben, ich geb dir ein paar von mir. Eines aber musst du machen! Versprich mir: Du musst wieder lachen!“

Wer sang da? Pips blickte zum Himmel und sah einen bunten Regenbogen, der genau über ihm stand. “Hihi”, lachte Pips laut los. “Seit wann kann ein Regenbogen singen?” Er lachte und lachte und... Aber was war das? Der Regenbogen fing an zu weinen! Plop, plop, plop, tropfte eine Träne nach der anderen silberblau und goldgelb in Pips´ Farbtöpfe.

Ohhh! Pips staunte. Solch schöne Farben hatte er noch nie gesehen. Wie sie funkelten und glänzten! Und der Regenbogen weinte in einem fort weiter, bis die Farbtöpfe regenbogenbunt vollgeweint waren.

„D-d-danke“, stammelte Pips. „D-danke schön.“„Ich danke dir“, säuselte die Regenbogenstimme. „Ich habe mich so sehr über deinen Regenbogenostereierfarbenstreifen auf der Wiese gefreut. Doch nun lauf los! Bald ist Ostern, und du hast noch eine Menge zu tun.“

„Stimmt“, rief Pips aufgeregt. „Tschüs und danke. Ja, und frohe Ostern, Regenbogen!“, rief er zum Himmel hinauf. Dann hoppelte er so schnell er konnte mit seinen Töpfen voller toller Regenbogenostereierfarben nach Hause.

10. DAS MÄRCHEN VOM EIGENWILLIGEN HASEN

Es war einmal ein Hase, der nie das tun wollte, was die anderen Hasen machten. „Nicht mit mir. Dazu habe ich keine Lust“, sagte er, wenn ihm eine Sache nicht gefiel. „Ich möchte frei sein und mein Leben so verbringen, wie es gut für mich ist.“ Das sagte er immer und überall und er lebte auch danach.

Ganz besonders laut wehrte sich der trotzige Hase in den Tagen rund um ein Fest, das die Menschen ‚Ostern‘ nannten. „Ostern“, so hatte der Hasenchef erklärt, „ist ein großes und feierliches Fest, das man nach uns Hasen benannt hat. Eigentlich ist es allein unser Fest, doch das haben die Menschen noch nicht begriffen.“

„Ein Fest? Unser Fest?“ Der eigenwillige Hase wunderte sich. „Die Menschen feiern unser Fest? Und überhaupt, was feiern wir?“ „Uns“, sagte der Hasenchef. „In Wirklichkeit nämlich heißen wir nicht ‚Hase‘, nein, unser richtiger Name lautet: ‚Osterhase‘.“

„Wir sind also Osterhasen?“, fragte der Hase, der diese seltsame Sache mit Hasen und Festen nicht begreifen wollte. Die anderen Hasen nickten. „Ja. Ja. Unbedingt“, rief einer von ihnen. „Und die Menschen feiern uns zum Osterhasenfest. Ist das nicht großartig?“, freute sich ein anderer.

Der Hase nickte. Gründe zum Feiern mochte auch er sehr gut leiden. „Feiern wir auch?“ „Aber ja. Als Hauptpersonen, pardon, als Haupthasen gibt es für uns zu diesem Fest sogar besonders viel zu tun“, sagte der Osterhasenchef. „Viel festliche Festtagsarbeit.“ Und dann erzählte er, wie überall im Land die Hasen in den Tagen vor Ostern Eier bunt bemalten und sie zum Osterfest zu den Menschen brachten. In Nester legten sie sie, versteckt in Gärten und Parks und Wäldern, ja, sogar in den Menschenwohnungen. „Sag, ist das nicht toll?“, schloss er.

Toll? Der Hase, der immer etwas anders dachte als die anderen Hasen, zögerte. „Klingt nach viel Arbeit und nicht nach Feiern“, brummte er. „Warum beschenken wir die Menschen an einem Fest, das unser Fest ist? Sollte dies nicht umgekehrt sein? Und überhaupt: Mit Eiern habe ich nichts am Hut und die Menschen sehe ich auch lieber aus sicherer Entfernung.“

Nein, er verstand es nicht und er wollte diese Sache mit den Eiern auch nicht begreifen. „Ich habe keine Lust auf dieses Ostern“, sagte er, was ja klar war, denn er tat immer das Gegenteil von dem, was üblich war.

Und während seine Hasenkollegen auch in diesem Jahr an den Ostertagen wieder viel Arbeit und noch mehr Stress hatten, sprang der eigenwillige Hase fröhlich durch die Felder und genoss das Hasenleben in diesem frühen Frühling.

Oder war alles ganz anders?

11. EiEiEiEi

Eieieieiei ... Viele viele Eier lagen an diesem Morgen überall in Gärten, Parks, Wäldern, auf Wiesen, Wegrändern, Fensterbrettern und Mauern. Sie waren kunterbunt in leuchtend roten, gelben, grünen, blauen, pinken Farben. Und sie waren fröhlich kariert, gestreift, geblümt, geringelt und getupft und so glänzten und schimmerten und leuchteten und strahlten sie im Morgengrauen mit dem Licht der aufgehenden Sonne um die Wette.

Eieieieiei ... Toll sahen sie aus und alle, die sie sahen, freuten sich über die kleinen seltsamen Dinger, die jemand hier verstreut (oder verloren?) hatte. Die Vögel, die so früh am Morgen unterwegs waren, staunten ebenso wie die kleinen Mäuse, die Kaninchen, die Eichhörnchen, Schnecken, Käfer, Bienen, Schmetterlinge, die Katzen und die Hunde, Kühe, Schafe, Schweine, Pferde. Selbst die Hasen, die es ja am besten wissen sollten, wunderten sich und fragten: „Nanu? Was liegt hier bloß und macht diesen Morgen bunter und fröhlicher und aufregender als jeden anderen Morgen?“

Die Hühner kicherten. „Na, wenn ihr es nicht wisst, wer denn dann?“, fragten sie mit lautem Gegacker, und ein Rätselraten hub an. Laut hallte es von überall her durch den beginnenden Tag.

Für einen Moment stiller wurde es erst, als die Kinder erwachten und mit fröhlichen Jubelrufen in die Gärten, Parks und Wälder und über die Wiesen rannten. Sie schienen sich sehr zu freuen.

„Eieieieiei ...", riefen sie. Und nochmal „Eieieieiei!" Und dann sammelten sie all die feinen Ostereiüberraschungen in Körbe, Tüten, Schalen und Taschen. Sie hatten viel Spaß daran und alle, die ihnen dabei zusahen, hatten ihn auch.

„Eieieieiei!", riefen die weißen Wölkchen am Himmel und formten rasch viele kleine Wolkeneier an den blauen Frühlingshimmel. Wer genau hinhörte, konnte ihr fröhliches Kichern hören.

Eieieieiei! Was für ein Tag! „Eieieieiei! Hey, vergesst uns nicht wieder!", riefen die sieben blassen roten, gelben, blauen, grünen, pink-, gold- und silberfarbenen Eier in dem verwitterten Nest in den dichten Zweigen des Tannenbaums. Sie riefen es schon seit dem letzten Jahr, doch auch dieses Mal schien keiner sie zu hören und ihr Nest zu entdecken. Schon wieder nicht. So etwas aber auch! Eieieieiei ...

12. VOGELHOCHZEIT UND FRÜHLINGSBLÜTENSCHNEE

„Der Frühling kommt“, sagten die Amseleltern. „Was ist ‚Frühling’?”, fragte die junge Amsel. „Und wie ist er?“ „Frühling ist die schönste Zeit im Jahr. Sie ist bunt, duftig und warm. Und sie ist die Zeit der Vogelhochzeiten”, antwortete Amselpapa, und Amselmama spreizte die Flügel. „Ein wenig ist er schon da“, freute sie sich. „Spürst du seine Sonnenwärme?“

Mit jedem Tag wurde es nun wärmer, bunter und fröhlicher im Land. Die junge Amsel freute sich. Neugierig machte sie Ausflüge in die Gärten und über die Wiesen, um den Frühling zu begrüßen.

Auf einem Apfelbaum ließ sie sich schließlich zu einer Verschnaufpause nieder. Ein junger Amselmann saß hier und sang allerliebste Frühlingsliebeslieder. Schön klang das. Die junge Amsel hatte keine Lust mehr, zu ihren Eltern zurückzukehren. Nein, viel lieber stimmte sie in den Gesang des Amseljungen mit ein, und beide sangen aus vollster Kehle ihr Liebeslied. „Frühling ist schön!“, zwitscherte die junge Amsel dem Amselmann zu. Der nickte, sang ein neues Liedchen und fragte: „Hast du Lust, bei mir zu bleiben und mit mir ein Nest zu bauen?“

Klar hatte die junge Amsel Lust dazu. Sie wollte nicht länger ein Amselkind sein, und wenig später feierten die beiden Hochzeit. Der kalte Winter war nun endlich vergessen. Das junge Brautpaar sang so laut vor Freude, dass die Menschen in den Gärten stehen blieben und „Oh, wie klingt das schön nach Frühling!“ sagten.

Doch eines Tages war der Apfelbaum, in dem das Paar sein Nest baute, wieder schneeweiß. Aufgeregt schnupperten sie. Dieser ‚Schnee‘ duftete köstlich süß! „Komisch“, piepte die junge Amselfrau. „Der Schnee fühlt sich gar nicht kalt an.“ „Ich glaube“, meinte ihr Gatte, „das ist ein ganz besonderer Schnee. Frühlingsblütenschnee!“ „Frühlingsblütenschnee? Das klingt hübsch!“, rief die junge Amselfrau. „Ich glaube, jetzt ist der Frühling wirklich da.”

13. DER WINDFRÜHLINGSTAG

„Was für ein herrlicher Frühlingstag das heute ist!“, sagten die Blumen in Tante Hermines Garten. „Sonnig, warm und auch ein bisschen windig. Perfekt. So könnte es immer sein. Ein Tag, wie wir Blumen ihn lieben. Er schenkt uns alles, was wir zu einem guten Leben brauchen.“

Und sie reckten ihre Köpfe dem Wind und der Sonne entgegen. Viele hundert Blumenköpfe. Ein bisschen sah es aus, als wiegten sie sich zum Klang einer Melodie, die nur sie zu hören vermochten, und ein bisschen konnte man auch meinen, sie sängen ein Lied. Ein Lied voller Frühlingsfreude und Glück. „Ein Tag, ganz für uns gemacht“, freuten sich.

Der Wind, der das hörte, fühlte sich geschmeichelt und er pustete ein bisschen mehr und ein bisschen heftiger die Frühlingslüfte übers Land. „Ein Windfrühlingstag“, sirrte er. „Ich schenke euch einen wunderfeinen Windfrühlingstag.“

„Genau. So fein. Ganz genau“, stimmten die drei hohen Birken im Nachbargarten zu. „Der Wind ist unser Freund. Er hilft uns bei unserer Sorge um den Nachwuchs. Seht, wie er durch unsere Blüten staubt und unsere Pollen weit in die Welt hinaus trägt.“

„Jaja, ohne den Wind, unseren großen Helfer, gäbe es im Herbst keine Samen und Nüsse“, bestätigten die Haselsträucher, die es auch liebten, mit dem Frühlingswind zu spielen. Alle anderen Bäume, die den Wind zum Bestäuben ihrer Früchte brauchen, nickten eifrig.

„Wind, Wind, das himmlische Kind! Uns gäbe es nicht ohne Frühlingswind“, singsangen sie und hoben ihre Zweige dem Wind entgegen. „Wind! Was ist das für ein windiger Wind heute!“, rief auch Tante Hermine, die gerade von ihrem Friseurbesuch heimkehrte. Ihre Stimme klang nicht so sehr glücklich und frühlingsfreudig. „Fast stürmisch ist es wie im Herbst. Huch! Es zerzaust mir die Locken, die ich mir fürs Tanzfest heute Abend frisch habe legen lassen.“ Sie blickte zum Himmel und schenkte dem Wind ein aufgeregtes Winken. „Du zerstörst meine schicke Frisur, du Wind, du gemeiner Kerl, du!“ Fast sah es aus, als drohte sie mit den Fäusten.

Und der Wind, der lachte. Ein bisschen, ein kleines Bisschen, lachten auch die Blumen und Bäume in Tante Hermines Garten. Eine schicke Frisur nämlich passte, irgendwie, so gar nicht zu Tante Hermine.

14. Ein Geburtstagsabenteuer im Frühling

Einmal, als die Bäume das Land mit weißen und rosafarbenen Blütenkronen schmückten, traf ein Kind, das an diesem Tag Geburtstag hatte, den Frühling. Es geschah am Mittag zu der Stunde, in der die Sonne am hellsten vom Himmel lachte. Alle saßen beim Geburtstagsessen, doch plötzlich glaubte das Kind, einen Ruf zu hören. Es war eine fremde, glockenhelle Stimme, die nur das Kind zu hören vermochte.

„Komm, Geburtstagskind!“, rief die Stimme. „Komm!“ Das Kind lauschte. Und weil es bereits gesättigt, aber hungrig nach Geschichten und Abenteuern war, stand es auf und folgte der geheimnisvollen Stimme nach draußen. Es hatte Glück. Keiner der Erwachsenen bemerkte etwas. Viel zu sehr waren alle mit essen und und trinken und reden beschäftigt. Und so lief das Kind in den Garten hinaus. Wer hatte nach ihm gerufen?

Da! Im Kirschbaum bewegte sich etwas. Mächtig neigten sich die Zweige des Baumes hin und her, als würde jemand in ihnen herum klettern. „Hallo!“, rief das Kind. „Wer bist du und was machst du hier?“ „Komm, Geburtstagskind! Komm!“, rief die fremde Stimme wieder. Sie klang wie eine perlende Glöckchenmelodie. Das Kind rannte über die Wiese zum Kirschbaum hinüber. „Hier bin ich! Aber wo bist du? Ich kann dich nicht sehen.“

„Ich ganz nah bei dir“, antwortete die Stimme und wieder sangen die Glöckchen ihr Lied. „Ich bin es. Der Frühling. Und du bist ein Frühlingskind, denn du hast heute Geburtstag. Nein, wir beide haben Geburtstag. Du heute. Ich jeden Tag. Und ich liebe es, Feste zu feiern. Deshalb besuche ich in den Monaten, die die Menschen ‚Frühlingsmonate‘ nennen, an jedem Tag ein Geburtstagskind. Und dann feiern wir.“

Der Frühling machte eine kurze Pause, dann fragte er: „Hast du Lust, mit mir zu feiern?“ Wie freute sich das Kind da! „Ja, aber ja!“, rief es. „Das ist das schönste, das tollste, das coolste Geburtstagsgeschenk auf der Welt.“ Es blickte sich wieder um. „Aber wo bist du, Frühling? Ich kann dich nicht sehen.“ „Warte!“, raunte der Frühling ihm zu und eine Windböe fuhr sanft in die Zweige des Kirschbaums. Die wiegten sich im Hauch des Windes auf und ab und hin und her. Es sah aus, als tanzten sie einen fröhlichen Tanz. Und mit jeder Bewegung rieselten Blütenblätter zu Boden.

Bald waren die Wiese - und das Kind - über und über mit rosafarbenen Blütenblättern bedeckt. Und dann auf einmal - wie durch einen Wunderblitz - sah das Kind den Frühling, der im Baum saß. Er war ...

Nein, darüber wird das Kind nicht reden. Niemals würde es über diese Begegnung sprechen. Dann nämlich nähme es all den anderen Kindern, die auch ihren Geburtstag mit dem Frühling feiern möchten, die Überraschung. Und die Fantasie.

Eines aber sollst du wissen: Sie haben gefeiert, der Frühling und das Kind. Lang und fröhlich und märchenhaft und geheimnisvoll und verzaubert. Ein Fest, das das Kind niemals im Leben vergessen würde. Es war wirklich das schönste, das tollste, das coolste Geburtstagsgeschenk auf der Welt ... und das kannst auch du - vielleicht - einmal erleben. Wenn du im Frühling Geburtstag hast, so spitze die Ohren und lausche nach draußen. Er wartet dort schon auf dich, der Frühling.

Übrigens: Auch die anderen Jahreszeiten lieben es sehr, mit einem Kind in ihrer Jahreszeit Geburtstag zu feiern. Der Sommer, der Herbst und der Winter ebenso sehr wie der Frühling. Psst! Sie warten auch auf dich. An deinem Geburtstag.

15. DER KLEINE RABE UND DER BUNTE WUNDERBAUM

„Nanu, was ist das denn?“ Neugierig landete der kleine Rabe auf dem bunten Baum, der unweit der großen Rabenlinde mitten auf dem Marktplatz stand. „Ein schöner, ein wunderschöner Baum ist das“, murmelte er. „Und ein Wunderbaum dazu.“

„Ein Wunderbaum?“, fragte der neue bunte Baum. „Ich bin ein Wunderbaum?“ Der kleine Rabe zuckte vor Schreck zusammen und beinahe wäre er doch glatt von dem Baum gefallen, auf dessen Spitze er Platz genommen hatte. „Oh, sp-sprechen kannst du auch?“, stammelte er. „D-dann bist du wirklich ein Wunder. Ein bunter Baum, der in wenigen Tagen so hoch zu wachsen und darüber hinaus auch noch zu sprechen vermag, ja, der kann nur ein Wunder sein. Ein großes, buntes.“

„Oho! Ich bin ein Wunder! Oho! Das gefällt mir“, freute sich der Baum. Ein bisschen zitterte auch sein Stamm mitsamt der kreisrundem Krone, die irgendjemand mit langen roten, grünen, weißen, blauen und himbeerfarbenen Bändern geschmückt hatte. Es war ein fröhliches Freudenzittern. Oder lachte der Baum?

„Aber sag, dann bist auch du vielleicht ein Wundervogel?“, kicherte der Baum. „Einen Vogel, der sprechen kann, habe ich nämlich auch noch nicht getroffen. Kannst du so

wunderfein singen wie deine Vogelkollegen, die mich zur Morgen- und Abendstunde in meinem Kronenkranz besuchen kommen?“

„Singen? Äh! Ich … ich spreche lieber“, antwortete der kleine Rabe, der seinen neuen Freund nicht belügen wollte. Mit Singen nämlich hatte er nichts am Hut. Er überlegte. Einen lachenden Baum, der bunt war und sprechen konnte, hatte er wirklich noch nie getroffen. Auch nicht auf seinem Ausflug in den großen Bergwald, von dem er gerade zurückgekehrt war. Seltsam war das, sehr seltsam. Aber auch schön.

„Seltsam, sehr seltsam ist das mit dir“, murmelte er in Gedanken versunken. „Und was bedeutet es, ‚seltsam‘ zu sein?“, fragte der Baum. „Anders“, erklärte der kleine Rabe. „Du bist anders als alle anderen Bäume und das ist eben selten und selten kann auch seltsam sein.“ „Falsch!“ Nun lachte er wieder, dieser lustige, bunte Baum. „Wir sind viele in diesen Frühlingstagen, meine Kollegen und ich. Du findest uns in Städten und Dörfern dort, wo sich Menschen versammeln und Spaß daran haben, diesen Monat, der sich ‚Mai‘ nennt, zu feiern. Wir nämlich sind die Bäume dieses Monats.“

„Hoho!“ Nun war es der kleine Rabe, der lachte. „Dann bist du ein Maibaum? Hoho! Was

für ein spaßiger Vogel, äh, ich meine Baum du doch bist! Hoho! Von dir muss ich gleich meinen Rabenfreunden erzählen. Aber ich komme wieder, ganz bestimmt. Mit dir kann man nämlich prima lachen."

Er plusterte die Flügel auf und flog hinüber ins Wäldchen auf der anderen Seite des Dorfes.

16. DER KLEINE BLAUE SCHMETTERLING UND DER LÖWENZAHN

Fröhlich tanzte ein kleiner blauer Schmetterling über die Wiese. Auf einer Löwenzahnblüte machte er Halt, naschte süßen Nektar und ruhte sich aus. „Ich kann auch fliegen“, sagte da plötzlich der Löwenzahn. „Niemals“, antwortete der Schmetterling. „Wetten, dass doch?“ „Das glaube ich dir nicht.“ Der Falter kicherte. „Du bist ein Schwindler. Oder zeige, wie du fliegen kannst!“ „Heute nicht“, brummte der Löwenzahn, und seine Stimme klang etwas gekränkt. Da lachte der kleine Falter noch mehr. „Schwindler! Ein Schwindler bist du! Haha!“

„Pah!“ Der Löwenzahn versteckte seine gelbe Blüte in den grünen Hüllblättern, so wie er es bei Dunkelheit und Regenwetter auch tat. „Lass dich überraschen! Doch jetzt muss ich mich ein wenig vor dem großen Flug ausruhen. Komme morgen oder übermorgen wieder!“

„Hahaha!“ Der kleine Falter kicherte wieder und flog davon. Dennoch vergaß er diese komische Blume, die behauptete, fliegen zu können, nicht. Immer wieder besuchte er sie. Doch es war, als wollte die gelbe Blüte mit dem süßen Nektar ihr Versteck hinter den grünen Außenblättern nicht mehr verlassen.

„Wie langweilig du doch bist, du seltsame Blume“, sagte der kleine blaue Schmetterling am dritten Tag. Da hörte er ein leises Kichern und langsam, ganz langsam, öffnete der Löwenzahn seine Blütenknospe. Die gelben Blütenblätter waren verschwunden. Sie hatten einem silbergrauen Flaum Platz gemacht. Der Schmetterling wunderte sich. „Hast du deine Blütenfarbe verloren?“, fragte er fast ein bisschen mitleidig.

Der Löwenzahn wiegte seinen runden, silberweißen Schopf leicht hin und her. „Ich trage mein Flugkleid“, antwortete er. „Und wirst du nun fliegen? Haha! Eine fliegende Blume habe ich noch nie gesehen. Haha.“ „Komme morgen wieder“, sagte der Löwenzahn, der nun eine Pusteblume war, wieder. „Komme zur Zeit des warmen Mittagswindes.“

„Du willst mich nur vertrösten. Hoho!“ Der kleine Falter tanzte einen übermütigen Schmetterlingstanz um die Pusteblume herum. Auf und ab und hin und her. Nah kam er und näher, und da, da stieß er plötzlich gegen den silbergrauen Blütenflaum. Im gleichen Moment erhoben sich eins, zwei, drei, vier, fünf, sechs, sieben, acht, neun, zehn und mehr und noch viel mehr kleine silbergraue Fallschirme von der Blüte und flogen an der Nase des verdutzten Schmetterlings vorbei über die Wiese.

„Hui! Ich kann fliegen“, jubelte von irgendwoher eine vielfach hallende Stimme. „Mit meinen eins, zwei, drei, vier, fünf, sechs, sieben, acht, neun, zehn und mehr und noch mehr Pustefliegern. Oh, Fliegen ist schön!“ Die Stimme lachte. „Na, kleiner, blauer Schmetterling, glaubst du mir nun?“

Der Schmetterling schwieg. Er war zu verdutzt, um etwas zu sagen. Außerdem konnte er sich nicht entscheiden, welchem der unzähligen Pusteblumenfallschirmfliegern er nun folgen sollte. Es waren zu viele.

17. DER KLEINE BÄR UND DER BLUMENSTRAUSS

Im Blumenmonat Mai beschloss der kleine Bär, einen großen bunten Blumenstrauß für Mama Bär zu pflücken. Überall blühte es kunterbunt in den prächtigsten Farben: rot, gelb, weiß, blau, lila, rosa, pink, orange, gräsergrün und bunt, bunt, bunt. Eine Blume schöner als die andere. Und wie süß es hier duftete!

Der kleine Bär konnte sich nur schwer entscheiden, welche er wählen sollte. Die Margeriten und Glockenblumen oder der wilde Flieder? Die ersten Rosen oder die Holunderblüten? Oder ... ? „Nehme ich von jeder Blüte eine“, beschloss er. Er beugte sich über einen blauen Wiesensalbei. Da glaubte er eine Stimme zu hören. „Lass mich noch ein Weilchen leben!“, bat diese.

Der kleine Bär erschrak. „Gut. Gut“, murmelte er dann. „So nehme ich eben eine Margerite.“ Wieder hörte er ein Stimmchen, das „Ich möchte noch ein Weilchen die Sonnenstrahlen spüren!“ rief.

„Darf ich dich pflücken, Grashalm? Deine Blüten haben hübsche weiße Tupfer“, versuchte es der kleine Bär zum dritten Mal. „Später“, bat der Grashalm. „In drei, vier oder fünf Tagen. Aber lass mich bitte noch ein wenig den Wind spüren!“ Hm. Der kleine Bär sah

sich um auf der Wiese und begriff, wie sehr die Blumen und Grashalme ihr Leben liebten. „Ich glaube“, überlegte er laut. „Ich werde keinen Blumenstrauß pflücken. Das macht euch traurig und mich auch. Aber was soll ich nun Mama Bär schenken?“

„Uns! Uns! Uns!“, hallte es da von allen Seiten, von der Wiese und vom Feld, vom Waldrand und von den Menschengärten her. Suchend sah sich der kleine Bär um. „Wer seid ihr? Ich sehe euch nicht.“ „Hier sind wir und Löwenzahn-Pusteblumen sind wir. Pflücke uns und puste unsere Samenfallschirme überallhin rund um deine Bärenhöhle und in den Wald, auf Wiesen, Felder und auch in die Menschengärten. Im nächsten Jahr werden wir dir mit vielen gelben Löwenzahn-Blütensonnen ein Dankeschön zuwinken.“

Pusteblumen, Samenfallschirme und Blütensonnen? Diese Idee gefiel dem kleinen Bären gut. So gut, dass er in den nächsten Tagen viel zu tun hatte mit Pusteblumen sammeln und sie in die Welt zu pusten. „Ich freue mich schon auf nächstes Jahr“, rief er und lachte. Und wenn er lauschte, konnte er sie mitlachen hören, die Blumen und Gräser im Wald und auf den Wiesen rund um die Bärenhöhle.

18. ALS DIE MAIFEE "FRISCHE" FREUDE BRACHTE

„Bunte Blumen, Leute, kauft frische bunte Blumen!" „Frisches Gemüse! Hier gibt es das frischeste Gemüse in der ganzen Stadt." „Frühlingskräuter! Frische Kräuter können Sie bei mir kaufen. Schnittlauch, Petersilie, Bärlauch, Löwenzahn, Pimpernelle, Thymian und viele Sorten mehr."

„Maiglöckchen! Schenken Sie Ihren Lieben einen Strauß Maiglöckchen. Frisch gepflückt im Wald." „Maibutter! Köstlich frische Maibutter!" „Kartoffeln. Erste Kartoffeln aus neuer Ernte frisch vom Feld! Kauft, Leute, kauft!" Laut und kunterbunt hallte es über den Marktplatz der kleinen Stadt.

„Kauft, Leute, kauft!" „Lauft, Leute, lauft!", summte die Maifee, die im hellen frischen Grün der Birke saß und auf das bunte Marktplatztreiben blickte. „Lauft in die Maienwelt hinein, denn heute sollt ihr fröhlich sein. Lauft, Leute, lauft und schnuppert, schaut und lauscht."

Die Maifee, die in den letzten Tagen sehr damit beschäftigt war, die Frische, die Farben und die Düfte des Frühlings ins Land zu bringen, war mit ihrem Werk zufrieden. Ihr gefiel das Leben im Städtchen an diesem hellen freundlichen Maitag.

Alle waren gut gelaunt. Die Menschen, die Tiere, die Pflanzen. Und alle zeigten sie ihre Freude an der bunten Maienwelt.

Die Blumen blühten in den schönsten Farben. Mit süßen Düften lockten sie die Bienen, Käfer, Schmetterlinge und die schnuppernden Nasen der Menschen herbei. Die Bäume trugen stolz ihr neues Blätterkleid und die Blattkinder funkelten in ihrem hellen Grün im Licht der Sonnenstrahlen. Selbst die Wettergeister waren guter Laune und vergaßen für eine Weile ihre Schlechtwetterjobs. Sie waren etwas müde nach der anstrengenden Aprilzeit und ließen der Sonne – und natürlich der Maifee - gerne den Vortritt.

Und die Menschen? Die genossen den Maifrühling. Ein kleines Bisschen liebten sie jene frische, bunte, fröhliche Maienzeit mehr als die anderen Tage im Jahr. Und weil sie sich so wohl fühlten, behandelten sie einander freundlicher und netter und liebevoller. Manche – pssst! – verliebten sich auch leichter in jenen liebenswerten Tagen.

Eine zauberschöne Frühlingszeit war es und alle freuten sich. „Oh, wie schön der Mai doch ist! Und wie herrlich süß und frisch es duftet überall. Mai ist der schönste Monat im Jahr!“, riefen die Menschen und lachten.

Die Maifee freute sich sehr über diese Freude und lächelte aufs frühlingsfröhliche Land hinab. Dann erhob sie sich von ihrem Platz in der Birke. Sie breitete die Arme aus, winkte mit ihrem Blütenblätterumhang und schickte viele winzig kleine frische Feenblütendüfte zum Städtchen hinab.

„Lauft, Leute, lauft!“, sang sie wieder. „Lauft in die Maienwelt hinein, denn heute sollt ihr fröhlich sein. Lauft, Leute, lauft und schnuppert, schaut und lauscht.“ Dann kicherte sie leise und zog weiter gen Norden. Dort wartete man schon sehnsüchtig auf sie und ihre duftenden Maigeschenke.

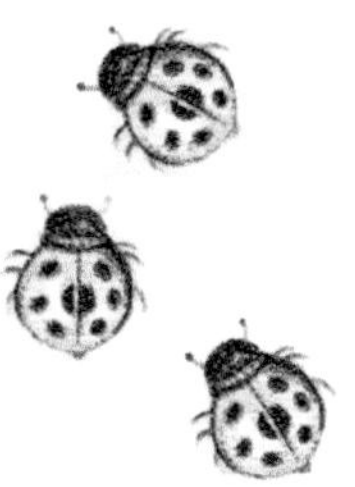

19. DER GROSSE BLUMENTAG

„Achtung! Achtung!“ Laut und warnend hallte es durch den Garten. „Bald ist großer Blumentag. Passt auf!“ „Großer Blumentag?“, raunten einige Blumen. „Schon wieder?“ „Au weh! Zieht eure Köpfe ein!“ „Beendet schnell eure Blüte!“ „Verkriecht euch noch ein Weilchen in euren Knospen!“ „Blüht jetzt nicht so schnell auf!“ Von überall her riefen erschrockene Stimmen einander Ratschläge zu.

Einige Blumen jammerten auch und klagten. „Zu spät!“, riefen die stolzen Papageientulpen mit den elegant gezackten Blütenblättern. „Unsere Blüte hat gerade begonnen. Wir können unsere Kelche nicht mehr schließen. Oh je! Oh je! Pflücken werden uns die Menschen und zu Blumensträußen binden.“

„Und dann?“, fragte eine junge Rose, die sich noch in ihrer Knospe verbarg. „Dann“, schluchzten die Maiglöckchen, „werden sie uns in Sträußen mit sich tragen in ihren feuchten, warmen Händen. Oh, das tut so weh! Jedes Jahr trifft es uns Maiglöckchen zum großen Blumentag am meisten.“ „Sie lieben euch eben, die Menschen“, tröstete ein Löwenzahn. „Mich und meine Kollegen mag niemand in einem Blumenstrauß haben.“

„Wie recht du hast!“ Das Vergissmeinnichtblümchen seufzte. „Uns haben sie am großen

Blumentag ganz besonders lieb. Allein schon unseres Namens wegen. VERGISS-MICH-NCHT! Ja, ja ..." Es seufzte noch tiefer. „So lieb haben sie uns, dass sie oft genug uns und unseren Durst nach Wasser vergessen."

„Richtig! Davon haben wir auch schon gehört." Viele Blumen stimmten dem mit einem Nicken und mit „Ja-Ja-Das-kennen-wir-auch-Rufen" zu, bis das nicht ganz so schöne und in Blumensträußen auch nicht ganz so beliebte Ziergras sagte: „Manchmal ist es schön, nicht so schön zu sein."

„Also ich", meinte keck eine junge Irisblüte, „ich möchte ganz toll schön und geliebt sein. Aber sagt, was ist das eigentlich, dieser ‚große Blumentag', den ihr alle so fürchtet?" „Muttertag", riefen da alle Blumen im Chor. „Der Tag, in dem alle kleinen und großen Kinder ihren Müttern mit einem Blumenstrauß eine Freude machen." „Wie schön!", sagte die Irisblüte andächtig. „Also ich, ich möchte gerne eine kleine Freude sein. Ihr nicht?" Für einen Moment wurde es still im Garten. Mucksmäuschenstill.

20. EIN HERZ FÜR MAMA – UND FÜR PAPA

Peter malt ein Herz. Ein Herz, das aus lauter kleinen Marienkäfern besteht. Marienkäfer an Marienkäfer an Marienkäfer in einer langen Reihe, die ein Herz formt. Ein rotes Käferherz mit schwarzen Punkten. „Das ist mein Glücksherz für Mama!“, sagt er.

Papa staunt. „Ein Marienkäferherz? Was für eine feine Idee!“ Peter nickt. „Das habe ich geträumt“, antwortet er. „Jeder Käfer soll Mama Glück bringen.“ „Klar“, sagt Papa. „Marienkäfer sind Glückskäfer und Mama hat all dieses Glück mehr als verdient.“ „Jeder Käfer hat auch ein Herz“, ergänzt Peter. „Das sind dann ganz viele Glücksherzen für Mama. Die bringen dann doppeltes Glück und das habe ich auch geträumt.“ „Darüber wird sich Mama bestimmt sehr freuen“, freut sich Papa. „Und wie! Ich schenke es ihr zum Muttertag.“

Peter deutet in den Garten hinaus. „Und vielleicht gefällt einem der vielen Marienkäfer dort draußen mein Bild so sehr, dass er herbei geflogen kommt und sich mitten in das Glückskäferherz hinein setzt. Das wäre cool. Und ein doppeltes Glück wäre es auch.“ Papa staunt noch mehr. „Was du für tolle Ideen hast!“ „Stimmt.“ Mit schnellen Strichen malt Peter eine große, gelbe Blume mitten in das Herz hinein. Sie ist sehr gelb, ein bisschen leuchtet sie auch.

„Das ist der Platz für den Marienkäfer", erklärt er Papa. „Den echten. Weil die Blüte nämlich so toll hell leuchtet, wird er sie bestimmt finden. Vielleicht kommen auch zwei oder drei oder vier oder zehn oder zwanzig oder noch mehr echte Marienkäfer. Sie alle setzen sich in das Glücksherz und freuen sich, Mama ihr Glück zu bringen."

„Was für ein Glück!" Papa beginnt sich am Arm zu kratzen. „Ja. Toll, nicht?" Peter holt ein neues Zeichenblatt und beginnt, ein zweites Glückskäferherz zu malen. Marienkäfer an Marienkäfer an Marienkäfer in einer langen Reihe. „Und das ist für dich. Zum Vatertag. Du darfst mir aber jetzt nicht zugucken, sonst ist es keine Überraschung mehr." Papa nickt und schaut weg. So viele Käfer! Er muss sich noch heftiger kratzen. Am Arm nun, auf der Stirn und an der Backe.

„Ich glaube, ich fühle es schon, dein Glück!", murmelt er. „Es juckt ein bisschen." „Stimmt! Das spüre ich auch. Hier!" Peter fasst sich an die Brust und lacht seinen Vater fröhlich an. Der sagt nun nichts mehr. Aber er lächelt. Vor Glück.

21. DAS GLÜCKSBLATT

„Heute ist ein Glückstag“, sagt Anton. Er bückt sich, pflückt aus dem Kleebüschel am Wegrain ein Blatt und reicht es Papa. „Das bringt Glück.“ „Heute ist Vatertag“, antwortet Papa. „Und dein Kleeblatt hat nur drei Blätter. Dies gilt nicht für das Glück.“ „Ist doch egal. Dieses Blatt ist auch mit drei Blättern ein Glücksblatt. Jedes Blatt ist nämlich eines“, behauptet Anton. „Und sag: Hast du gerade kein Glück?“

Den Vatertag ignoriert er. Papa hat nämlich einmal gesagt, er findet es doof, einen Vatertag und einen Muttertag zu feiern. Jeder Tag im Jahr sei nämlich so etwas wie Vater- und Muttertag in einem und das sei gut so. Und Kindertag, hat Anton da noch schnell hinzugefügt und dann hat Papa gelacht und ihn in den Arm genommen. Er erinnert sich noch gut daran. Auch dass er sich vorgenommen hat, seinen Eltern nichts von all dem zu schenken, was man üblicherweise zu Vatertag und Muttertag so schenkt. Auch darüber sprechen würde er nicht mehr. Nur besonders nett würde er zu Mama und Papa sein. Noch netter als sonst. Ja, das hat er sich auch für heute vorgenommen. Und Glück ist, findet Anton, eine besonders feine Sache und davon will er seinen Eltern ganz viel bringen. „Es heißt aber, dass nur vierblätterige Kleeblätter Glücksblätter sind“, will Papa es mal wieder besser wissen. „Du kannst das nicht einfach so verallgemeinern und …“

„Was heißt ‚verallgemeinern'?", fragt Anton, bevor Papa weiter redet und einen langen Vortrag hält über Dinge, die er nicht versteht.

„Ähm!" Papa stutzt. „D-das ist … das ist jetzt nicht so wichtig", lenkt er ab und sieht Anton an. „Du hast gefragt, ob ich gerade glücklich bin. Ja, das bin ich. Weil nämlich Vatertag ist. An diesem Tag geht es Vätern besonders gut. Ist es ein Wunder bei all dem Glück, das ich mir dir habe?"

Anton grinst und deutet auf das Glücksblatt. „Nein", sagt er dann. „Ich habe es dir ja auch eben geschenkt, das Glück. Weil …" Er kichert. „Weil jeder Tag im Jahr Vatertag ist. Sag, ist das nicht auch ein Glück?" Da muss Papa lachen. Er hat verstanden.

22. DIE TRÄNEN DER BIRKEN ZUR MAIKÄFERZEIT

„Was ist nur mit unseren Maikäferfreunden los? Haben sie den Frühling verschlafen?“ Ratlos flog die kleine Elfe durch das Birkenwäldchen. Seit Tagen schon war sie auf der Suche nach den Maikäfern. Sie konnte aber keinen von ihnen entdecken. „Hast du unsere Maikäferfreunde gesehen? Oder wenigstens einen von ihnen?“, fragte sie jeden, den sie unterwegs traf.

„Zum Glück habe ich sie nicht gesehen“, antwortete die große Birke. „Nicht mal einen von ihnen. Und das ist gut so. Diese gefräßigen Kerle knabbern nämlich immer meine jungen Blattkinder an und bohren mit ihren Kiefern tiefe Löcher in sie hinein.“ Die Birke schüttelte ihre lindgrün helle Krone. „Nein, ich vermisse sie nicht.“ „Ich auch nicht.“ „Ich auch nicht.“ „Ha! Wir natürlich auch nicht.“ „Wir wollen die Maikäfer hier nicht haben.“ „Im letzten Jahr haben sie unsere Zweige fast kahl gefressen. Nein, wir mögen diese Käferkerle nicht leiden.“ Laut riefen die Birken durcheinander und weit hallte es durch das Wäldchen.

„Das ist aber traurig“, sagte die Elfe leise. „Eine Birke ohne Blätter ist auch ein trauriger Anblick“, erwiderte die große Birke und sie klang traurig. „Weinen könnte ich, wenn ich an das Unglück denke, das die Maikäfer im letzten Jahr über uns gebracht haben.“

Und fast klang es nun, als weinten sie wirklich, die Blätter und Äste der Birken, und die kleine Elfe weinte ein paar Mitleidstränen gleich mit.

Unter ein paar trockenen Herbstblättern saßen drei Maikäfer und lauschten. Zögernd sahen sie sich an. Sie waren hungrig. Aber nun unter ihren Versteck hervor zu kriechen, nein, das wagten sie nicht. Es fühlte sich auch nicht gut an, wenn man so gar nicht gemocht wurde. „Ich fürchte, unsere Vorfahren haben es im letzten Jahr etwas übertrieben“, flüsterte einer der drei Maikäfer.

Sein Kollege nickte. „Alle Blätter verlieren tut weh. Ein leerer Bauch aber schmerzt auch. Oder sollen wir Maikäfer in herrlich duftenden Bäumen sitzen und hungern? Längst gäbe uns nicht mehr, würden wir so handeln.“

„Die Antwort liegt in der Mitte und lautet: Maß halten“, sagte der dritte Käfer, der ein sehr schlauer Käfer war. „Wenn wir von jedem Baum nur ein bisschen naschen, wird man uns dies nicht so sehr übel nehmen. Und so ist jeder zufrieden - die Bäume und unsere satten Mägen.“

„Gute Idee“, stimmten seine Freunde zu. „So werden wir es machen. Lasst es uns den Kollegen mitteilen.“ Die Käfer waren zufrieden und sie fühlten sich nicht mehr ganz so traurig.

Später, als die Dämmerung übers Land zog, krochen sie aus ihrem Versteck und brummsummten, pardon, und flogen zum Städtchen hinüber. Dort trafen sie sich wie jeden Abend mit ihren Käferfreuden bei der großen Laterne am Marktplatz. Zur Käferparty - und dieses Mal auch zu einem ernsten Käfergespräch.

23. DER KLEINE BÄR UND DER LANGWEILIGE TAG

Eigentlich müsste der kleine Bär mit seinen Geschwistern frische Frühlingskräuter sammeln und nach leckeren Wurzeln graben. Für Mama Bärs Vorratshöhle. Doch mit den ersten warmen Sonnenstrahlen hatte er sich am Morgen rasch aus dem Staub gemacht. Zum Arbeiten war er an diesem sonnigen Frühlingstag viel zu faul. Spielen wollte er und endlich seine Freunde treffen. Die meisten von ihnen hatte er nämlich seit dem späten Herbst und den ersten Schneeflockentagen nicht mehr gesehen. Doch wo steckten sie nur alle bloß?

Bärenseelenalleine stand er am Rand der Waldwiese und hielt nach ihnen Ausschau. So sehr hatte er sich auf den Frühling und auf das Treffen mit den Waldtieren gefreut! Doch die meisten von ihnen waren jetzt beschäftigt.

Sie streiften oder flogen durch den Wald und die angrenzenden Wiesen und Felder und suchten nach frischem Futter. Andere waren auf Brautschau und bauten emsig an ihren Sommerwohnungen. Sie gruben Höhlen und Gänge in die Böden oder bauten Nester in Bäumen, Büschen oder zwischen Jungtannen in der Waldschonung. Zum Spielen oder Unterhalten oder Spaß haben hatten sie jetzt keine Zeit.

Der kleine Bär wiederum hatte einen satten Bauch und Zeit und zur Suche nach einem Bärenmädchen, mit dem er eine gemeinsame Höhle hätte suchen können, war er noch zu jung.

So streifte er wenig traurig immer weiter durch den Frühlingstag. Warum nur hießen ihn seine Freunde so gar nicht willkommen? „Komm später wieder, kleiner Bär!“, sagten sie. „Im Sommer oder frühen Herbst oder so...“

Pah! Solange mochte er nicht warten. Und verstehen konnte er die Freunde auch nicht. „Immer nur arbeiten und an ernste Dinge denken, macht keinen Spaß!“, brummte er. „Richtig langweilig sind sie alle während des Winters geworden. Er brummelte noch ein bisschen lauter und unwilliger. Dann setzte er sich auf einen Baumstamm und beobachtete das eifrige Gesumme der Bienen am Schlehenbusch. Wie fleißig sie waren!

„Nur ich bin faul. Und alleine. Und beides ist ganz schön langweilig. Überhaupt: Ein richtiger Langeweiletag ist das heute“, sagte er und ausnahmsweise wäre er jetzt gerne auch einmal fleißig.

24. KONFERENZ IM BLUMENHIMMEL

Traurig saßen die Frühlingsblumen im Blumenhimmel und starrten auf die Erde. Die Sonne schien warm auf Wiesen, Felder, Wälder und Gärten und die Luft roch süß nach frischer Erde und Blütendüften.

„Was schaut ihr so trübsinnig?“, fragte die Himmelsfee. „Ihr habt in diesem Frühling eine schöne Zeit gehabt und in euren Samen werdet ihr im nächsten Jahr weiter leben.“ Da weinten die Frühlingsblumen. Sie konnten damit gar nicht mehr aufhören. Die Himmelsfee erschrak. „Was ist mit euch?“ Da sagte der Huflattich mit wehmütiger Stimme: „Wie gerne hätte ich meine Blütensonne aus der Erde gestreckt. Aber ein altes, verrostetes Fahrrad ließ mir keinen Platz zum Blühen.“ „Genauso ist es mir ergangen“, rief das Maiglöckchen. „Ein Gummireifen hat mir die Luft genommen. Geblüht habe ich nie.“

„Wir auch nicht“, heulten die Krokusse auf. „Kinder haben ihre Plastikautos auf uns geparkt.“ „Auf mir“, sagte ein Gänseblümchen leise, „hat jemand eine Getränkedose vergessen.“ „Mir hat eine Plastiktüte den Blick zur Sonne versperrt“, rief die Tulpe. „Und mir ein Schokoladenpapier“, klagte das Veilchen. „Und ich...“ „Bei mir war das ...“

Erregt berichteten die Blumen von ihrem Erdenleben. Die Himmelsfee war nachdenklich geworden. „Arme Blumenkinder!“, murmelte sie. „Wenn ich euch nur helfen könnte!“ „Uns ist nicht mehr helfen“, meinte das Veilchen traurig. „Aber den anderen Blumen und Gräsern und Moosen soll es nicht genauso ergehen wie uns.“ „Bitte“, riefen die Blumen, „Hilf unseren Gefährten da unten!“ „Aber wie?“ Die Himmelsfee wusste sich keinen Rat.

„Mit den Kindern musst du reden!“, bat das Gänseblümchen. „Kinder mögen Blumen leiden. Bestimmt.“ „Du hast recht“, versprach die Himmelsfee. „Ich werde es versuchen.“ Ja, und das tut sie nun auch sehr sorgfältig: Nachts schickt sie Träume zu den kleinen und großen Kindern und bittet sie, gut auf die Natur aufzupassen und den Pflanzen und Tieren nicht weh zu tun. Bestimmt war sie auch schon bei dir, die Himmelsfee mit ihren Blumenträumen.

Die Autorin

Elke Bräunling wohnt im sagenumwobenen, inspirierenden Odenwald. Nach dem Studium war und ist sie tätig als Lektorin, Journalistin, Liedermacherin, Ghostwriterin, Buchautorin und Bloggerin. Veröffentlichung zahlreicher Bücher, Geschichten, Märchen, Gedichte und Lieder, dazu pädagogische Fachliteratur, Beiträge und redaktionelle Mitarbeit bei Zeitungen/Zeitschriften/Funk. Besuchen Sie die Autorin im Internet und begleiten Sie sie dort in ihre Welt der Märchen, Lieder und Geschichten!

www.elkeskindergeschichten.de / www.geschichtenseiten.de

Die Illustratorin

Maryam Siedelahl kam bereits als Kind täglich mit Stapeln von selbstgemalten Bildern aus dem Kindergarten. In Oberbayern und Ägypten lebend, illustriert sie Kinderbücher, Cover für Kinderlieder, Logos, Bildkarten und bemalt Schmuck mit Miniatur-Aquarellen.

Kreative Arbeiten der Illustratorin finden Sie auf Instagram unter @maryam.malt

Die Geschichten sind auch als Hörbuch erhältlich, gelesen von Lucia Ruf.

Weiterhin sind ergänzend zu den Geschichten mehrere Lieder entstanden, die von mehreren bekannten Kinderkünstler*innen vertont wurden.

Geschichten und Lieder finden Sie exklusiv zum Download oder Streamen auf allen gängigen Portalen. Noten erhältlich über www.kinderliederhits.de

Weitere Bände in Vorbereitung.

Bisher erschienen:

Elke Bräunling:
Der kleine Engel und das Weihnachtslicht -
Märchen und Geschichten zur Weihnachtszeit
24 Vorlesegeschichten im Advent
Verlag Stephen Janetzko
ISBN 978-3-95722-581-8